Bibliografische Information der Deutschen Nationalbibliothek:

Die Deutsche Bibliothek verzeichnet diese Publikation in der Deutschen National-bibliografie; detaillierte bibliografische Daten sind im Internet über http://dnb.d-nb.de/ abrufbar.

Impressum:

Copyright © 2017 GRIN Verlag
Druck und Bindung: Books on Demand GmbH, Norderstedt Germany
ISBN: 9783668854970

Dieses Buch bei GRIN:

https://www.grin.com/document/453805

Natalie Kern

Atatürk und die Gründung der Türkei. Die Entstehung des Neuen durch eine charismatische Herrschaft

GRIN Verlag

GRIN - Your knowledge has value

Der GRIN Verlag publiziert seit 1998 wissenschaftliche Arbeiten von Studenten, Hochschullehrern und anderen Akademikern als eBook und gedrucktes Buch. Die Verlagswebsite www.grin.com ist die ideale Plattform zur Veröffentlichung von Hausarbeiten, Abschlussarbeiten, wissenschaftlichen Aufsätzen, Dissertationen und Fachbüchern.

Besuchen Sie uns im Internet:

http://www.grin.com/

http://www.facebook.com/grincom

http://www.twitter.com/grin_com

Mustafa Kemal Atatürk und die Gründung der Türkei

Die Entstehung des Neuen durch eine charismatische Herrschaft

Seminar:

Max Weber und der Islam

Vorgelegt am Institut für Soziologie

Fachbereich 03: Gesellschaftswissenschaften

Wintersemester 2016/17

Abgabe: 25. April 2017

Verfasst von: Natalie Kern

Inhaltsverzeichnis

1. Einleitung 2

2. Biografie des Mustafa Kemal Atatürk.. 3

   2.1 Die Entwicklung des jungen Mustafa Kemal 4

   2.2 Die Gründung der Türkei... 6

3. Die Entstehung des Neuen in der Adoleszenz.. 8

   3.1 Die Rolle von Peer Groups 9

   3.2 Die Dimensionen adoleszenter Ablösung.. 10

4. Die Charisma Theorie nach Max Weber.. 11

   4.1 Die Wirkung von Charisma und Masse.. 12

   4. 2 Entwicklung einer genuinen charismatischen Herrschaft.................................. 13

   4.3 Strukturwandel durch Veralltäglichung des Charismas...................................... 14

Zusammenfassung 15

Ausblick... 16

Literatur 18

1. Einleitung

Über kein anderes Thema wird Heutzutage in den Medien sooft berichtet, wie über den Islam und dessen Gläubige. Ob es sich dabei um den Eintritt der Türkei in die EU handelt oder die Flüchtlingsdebatte. Dabei ist von Radikalisierung, Islamisierung und Rückständigkeit die Rede. Insbesondere die Entwicklung der Türkei steht vermehrt im Fokus[1]. Die Welt schreibt, „Nie hat ein Politiker mit solcher Radikalität eine Gesellschaft verändert wie Kemal Atatürk, der Gründer der Türkei. Sein westlicher, säkularer Wertekanon ist heute durch Erdogan in Gefahr"[2]. Doch was hat Kemal Atatürk zu seiner Zeit geschaffen und welche Rolle spielt der Islam dabei?

Im Jahr 1923 wird Mustafa Kemal der erste Präsident der neu gegründeten Republik Türkei (vgl. Hanioglu 2015). Er treibt als Machtpolitiker und Symbolfigur eines neuen starken Nationalbewusstseins die Veränderung und Modernisierung seines Landes nach westlichem Vorbild voran. Der folgende Leitspruch bringt diesen Nationalstolz besonders zum Ausdruck: "Wie erhaben ist es, zu sagen: Ich bin ein Türke!" (Steinbach/Rüdiger 1988: 160). „Er bricht mit alten Traditionen, schafft Sultanat und Kalifat ab, orientiert sich an europäischer Gesetzgebung und sorgt für die Gleichstellung der Frauen – Veränderungen, die ihm den Beinamen Atatürk (Vater der Türken) einbrachten und einen regelrechten Personenkult um ihn generierten" (Hanioglu 2015). Jedoch hat er zugleich mit der Einführung der lateinischen Schrift, der revolutionierten Kleiderordnung und der Trennung von Religion und Staat nicht nur Sympathisanten gewonnen sondern auch Gegner hervorgerufen. Weshalb er als einer der umstrittensten Politiker des 20. Jahrhunderts gilt (Gülbeyaz 2003). „Mustafa Kemal Atatürk ist vor 65 Jahren gestorben und dennoch allgegenwärtig: Im ganzen Land stehen Denkmäler, sein Porträt hängt in jeder Amtsstube, die unterschiedlichsten politischen Parteien und Gruppierungen berufen sich auf ihn" (Gülbeyaz 2003). Doch wie konnte dieser Mann eine solch radikale Veränderung im Land hervorrufen? Tatsächlich hat sich kein anderes islamisches Land Nordafrikas und des Nahen Ostens derart tief greifend dem Westen verschrieben wie die Türkei seinerzeit (Weidenfeld 2004: S. 383).

---

[1] Weber, Barbara: Islamisten in Deutschland. Rätselhafte Radikalisierung, in: Deutschlandfunk vom 18.09.2014 (aufgerufen am 01.04.2017) http://www.deutschlandfunk.de/islamisten-in-deutschland-raetselhafte-radikalisierung.1148.de.html?dram:article_id=297948

[2] Dietrich, Alexander: Atatürk- Erdogans großes Vor- und Feindbild, in: Welt vom 17.06.2013 (aufgerufen am 20.04.2017) http://www.welt.de/geschichte/article117187013/Atatuerk-Erdogans-grosses-Vor-und-Feindbild.html

2

Diese Arbeit untersucht unter Zuhilfenahme der Charisma Theorie von Max Weber und der Adoleszenz Theorie von Vera King die Umstände von Atatürks frühem Leben, seine militärische Karriere und sein politisches Wirken. Auch wenn viele Lebensdaten und Ereignisse aus Mustafas Leben benannt werden, so geht es in erster Linie nicht um eine Biographie, sondern um eine Untersuchung der Umstände, wie er zu dem Führer des türkischen Volkes wurde, als der er heute verehrt wird.

Dabei stelle ich die These auf, dass ein solcher Umbruch und eine Reformation wie sie Kemal Atatürk in der Türkei vollbracht hat, nur möglich ist mit Charisma und einer Masse die diesem „charismatischen Führer" folgt. Die Adoleszenz Phase spielt dabei eine entscheidende Rolle in der Entwicklung einer charismatischen Person. Mein Erkenntnisinteresse liegt darin, was schlussendlich eine charismatische Führungsperson ausmacht und welche Umstände gegeben sein müssen damit ein drastischer Umbruch und Veränderung eines Landes stattfinden können. Die Charisma Theorie wird deshalb herangezogen, da sie eine geeignete Erklärung bietet, wie einzelne Personen Menschenmengen beeinflussen und bewegen können. Bezüglich der Literaturlage zur Charisma Theorie von Max Weber wird auf sein Werk „Wirtschaft und Gesellschaft" eingegangen, in welchem er Charismatische Herrschaft und Charismatismus eingehend beschreibt. Hinsichtlich Kemal Atatürk gibt es reichlich Literatur zu seiner Biographie, diese ist jedoch zum Teil sehr widersprüchlich und ungenau in der Datenlage. In der vorliegenden Arbeit wird deshalb größerer Bezug auf das Werk von M. Sükrü Hanioglu und Klaus Kreiser genommen und rezensiert.

2. Biografie des Mustafa Kemal Atatürk

Kemal Atatürk, wird unter dem Namen Mustafa in Saloniki 1881 (heutiges Thessaloniki in Griechenland) als Sohn eines Leutnants Ali Riza und der Ehefrau Zübeyde Hanim geboren (Kreiser 2008: 12). Sein Vater ermöglicht es ihm, eine private Schule zu besuchen, die nach westlichem Vorbild lehrt. Nach dem frühen Tod des Vaters zieht die Mutter mit ihm aufs Land. Hier lebt er in einem Milieu, das von traditionellen und extrem konservativen Werten der älteren, reicheren Männer die an der Spitze der dörflichen Machtstrukturen standen, beherrscht wird (Steinbach 1969: 116). Dort besuchte er für kurze Zeit eine Koranschule und verließ diese kurzdarauf nach einem Streit mit dem Geistlichen.

2.1 Die Entwicklung des jungen Mustafa Kemal

Im Alter von zwölf Jahren schreibt er sich an einer Militärschule ein (Yazıcıoğlu 2005: 56). Im Jahre 1895 bis 1899 besucht er die Militärschule in Monastir und erhält dort seinen Beinamen Kemal. Er lernt Französisch, interessiert sich für die Französische Revolution und orientiert sich wie andere Offiziersanwärter jener Zeit zunehmend an europäischen Idealen. Über die Französische Revolution sagt er 1928 folgendes:

„Die Französische Revolution hat der ganzen Welt die Idee der Freiheit geschenkt. Sie ist immer noch die Hauptquelle dieser Idee. Seit dieser Idee hat sich die Menschheit weiterentwickelt. Die türkische Demokratie hat den Weg, den die Französische Revolution eröffnet hat, eingeschlagen, aber dabei ihre besonderen Merkmale entwickelt. Denn jede Nation macht ihre Reformen einmal entsprechend ihrer Situation, die sich ergibt aus dem Druck und den Erfordernissen der Gesellschaft, und zum anderen entsprechend der Zeit, in der diese Reformen stattfinden" (Yazıcıoğlu 2005: 56).

An den Militärschulen schließt Mustafa Kemal zum ersten Mal in seinem Leben Freundschaften, die ihn lange in seinem Leben begleiten werden. In der Armee fand er Lebenschance und Berufung zugleich und die Armee gilt damals als Mittel der Modernität. Denn gelehrt wurden mehrere Fremdsprachen, Naturwissenschaften und moderne Technologien aber auch über politisches wurde geredet (Yazıcıoğlu 2005: 57). Zwei wichtige französische Leitfiguren, die das Leben und Wirken von Atatürk geprägt haben, waren unteranderem J.J. Rousseau und Auguste Comtes. Von welchen er auch seine Idee von der Souveränität des Volkes entwickelte. Seine Theorie des türkischen Entwicklungsweges entnahm er dem Prinzip von Auguste Comtes: „[…] dem anfänglich theologischen folgt das unbefangene metaphysische Denken, bis sich der menschliche Geist schließlich im technischen Denken, das auch Politik und Moral einbezog, von allem wirklichkeitsfremden Ballast und Aberglauben befreit habe" (Yazıcıoğlu 2005: 57).

Mit achtzehn Jahren führt sein Weg ihn zur Kriegsakademie in Istanbul. Diese verlässt er später als Hauptmann (Kreiser 2008: 14). 1905 erhält er eine Einstellung im Kriegsministerium. Ein Jahr später ist er Mitbegründer der oppositionellen Geheimorganisation „Vaterland und Freiheit" in Damaskus und kurz darauf Mitglied in einer der größten oppositionellen Gruppen, dem „Komitee für Freiheit und Fortschritt" (Yazıcıoğlu 2005: 64). Als Armeestabschef nimmt er an der sogenannten jungtürkischen Revolution gegen den herrschenden Sultan teil. Seine politischen Zielsetzungen offenbarte er bereits vor der jungtürkischen Revolution:

> „Das Sultanat muss zerstört werden. Die Struktur des Staates muss auf einer homogenen Grundlage beruhen. Religion und Staat müssen voneinander getrennt werden. Wir müssen uns der östlichen Zivilisation entziehen und der westlichen zuwenden. Wir müssen die Unterschiede zwischen Mann und Frau aufheben und eine soziale Ordnung gründen. Wir müssen die Schrift, die uns hindert, an der westlichen Zivilisation teilzunehmen, abschaffen. Wir müssen ein Alphabet, das auf der lateinischen Schrift beruht, finden und wir müssen uns in jeder Beziehung, bis hin zu unserer Kleidung, auf den Westen hin ausrichten" (Yazıcıoğlu 2005: 59).

Diese Ziele setzt er dann später auch in die Tat um. Die darauf folgenden Jahre sind durch Krieg geprägt, wie den italienisch-türkischen Krieg und kurz darauf den Balkan Krieg im Jahr 1912 (vgl. Kreiser 2008). Als Divisionskommandeur erwirbt sich Atatürk seine militärische Reputation durch die Abwehr der britischen Invasion bei den Dardanellen und gilt in der Bevölkerung als "Retter des Vaterlandes". Diese Schlacht macht ihn landesweit bekannt (Yazıcıoğlu 2005: 59).

„Nach zehn Jahren fortgesetzter Beförderungen hatte Kemal also 1916 die Feldoffiziersränge hinter sich gelassen und wurde ein «Pascha». Der Ursprung dieses Wortes – hergeleitet aus dem iranischen padişâh steht für «Herrscher»" (Kreiser 2008: 14). 1916 wird er zum General befördert und ist Oberbefehlshaber an der Kaukasusfront in Syrien. Die nach dem Ersten Weltkrieg beginnende Demobilisierung der osmanischen Armee und die faktische Auflösung des Osmanischen Reichs durch die „Entente-Staaten" rufen türkischen Widerstand in den nicht besetzten Gebieten hervor. Er wird zum Armeeinspekteur ernannt, nimmt aber seinen Abschied aus der Armee, weil er einen unabhängigen türkischen Staat anstrebt. „Ausländische Berichterstatter schreiben während des Befreiungskrieges (1919–1922) und danach überwiegend über

«Kemal» und folgerichtig über seine Anhänger als «Kemalisten»" (Kreiser 2008: 15).
Nach dem Einmarsch der griechischen Armee nach Izmir und der italienischen Armee in Anatolien organisiert Atatürk den nationalen Widerstand auf zwei Nationalkongressen und wird Oberbefehlshaber einer Armee gegen die Griechen.

2.2 Die Gründung der Türkei

Die nationale Bewegung erklärt im "Nationalpakt" die Unabhängigkeit und das Selbstbestimmungsrecht aller türkischen Gebiete zu ihrem Ziel. Atatürk gründet ein Repräsentativkomitee als Gegenregierung und wird dessen Vorsitzender. Im Jahr 1920 findet die Konstituierung der Großen Nationalversammlung in Ankara statt, von der Atatürk zum Präsidenten und Premierminister ernannt wird. Er schaffte es regionale Widerstandsgruppen zu vereinen und zu einer nationalen Widerstandsbewegung zu formen (vgl. Steinbach 2010). Dieser Bewegung führte er während des Befreiungskriegs gegen Armenier, Italiener, Griechen, Briten und Franzosen zum Sieg (vgl. Steinbach 2010). Des Weiteren lehnt Atatürk den diktierten Friedensvertrag von Sèvres ab und erhält militärische Hilfe durch die Sowjetunion im griechisch-türkischen Krieg.

Atatürk lässt sich als Oberbefehlshaber mit allen Autoritäten ausstatten, erzielt militärische Erfolge gegen die Entente-Staaten und schafft das Sultanat ab. Im Jahr 1923 erkennt der Friedensvertrag von Lausanne die Unabhängigkeit und Souveränität der neuen Türkei an und kurz darauf wird die Republikanische Volkspartei gegründet. Am 29. Oktober proklamiert Atatürk die Republik und wird ihr Staatspräsident.

Ein ebenso bedeutendes Ereignis stellt die Festschreibung der sechs Prinzipien des Kemalismus in der Verfassung dar: Nationalismus, Säkularismus, Modernismus, Republikanismus, Populismus und Etatismus (vgl. Steinbach 2010). Ab 1926 beginnt Atatürk mit umfangreichen Reformen, wie der Abschaffung des islamischen Rechts und der Einführung eines mitteleuropäischen Rechtssystems, das Frauen gleiches Recht zusichert. Die Umstellung der arabischen Schrift auf Lateinschrift erfolgt. Ebenso wie bei der Anpassung an westliche Kleidungsnormen wirbt Atatürk selbst auf Reisen durch das ganze Land bei der Bevölkerung für sein Vorhaben (vgl. Steinbach 2010). Eine weitere nicht islamische Tradition die er annahm war sein übertriebener Alkoholkonsum, welcher als Ursache für seinen frühen Tod gilt (Yazıcıoğlu 2005: 61).

Zu seinen wichtigsten Gefolgsleuten zählen das Militärwesen und das städtische Bildungsbürgertum. Sie zählen nicht nur politisch, sondern auch gesellschaftlich zu den aufgeklärtesten und Europazentriestischen Gruppen innerhalb der islamischen Bevölkerung der Türkei (Yazıcıoğlu 2005: 66). Mit militärischen Niederlagen der osmanischen Armee gegen die westlichen Mächte wurde dem Militärwesen schnell bewusst, dass eine Modernisierung des Militärwesens notwendig war. Deswegen wird bereits Anfang des 19 Jh. Elemente des europäischen Rechts, der Verwaltung, Erziehungswesens und der Staatsverfassung in die tief vom Islam verwurzelte politische und gesellschaftliche Ordnung eingeführt (Yazıcıoğlu 2005: 63). Insbesondere die Offiziere waren bereit, westlich technische Erneuerungen und Institutionen aufzunehmen und zu errichten. Somit waren sie nicht antidemokratisch aufgestellt und wirkten zeitgleich als eine der wichtigsten Stütze für Atatürk (Yazıcıoğlu 2005: 64). Jedoch herrschten große intellektuelle Unterschiede zwischen den Stadt- und Landmenschen in der Türkei. Begründet durch fehlende Verkehrsanbindungen und nicht vorhandene Infrastruktur. Somit trafen die modernen westlichen Ideen Atatürks auf dem Land kaum auf Anhängerschaft (vgl. Steinbach 1988). Diese Kluft ist bis heute in der Türkei wiederzufinden.

Während Atatürk innenpolitisch die kemalistischen Reformen durchsetzt, bemüht sich Atatürk außenpolitisch um Friedenssicherung. Im Jahr 1930 lässt er eine Oppositionspartei gründen, die er jedoch aus Konkurrenzgründen schon bald wieder zerschlägt. Gegner seiner kemalistischen Leitidee wurden mit aller Härte bestraft (Yazıcıoğlu 2005: 61). Vier Jahre später folgt die Einführung von Familiennamen. Die Große Nationalversammlung verleiht ihm den Familiennamen Atatürk (Vater der Türken). Dabei wird per Gesetz der Name Atatürk auf seinen Träger beschränkt (Kreiser 2008: 18). Am 10. November 1938 stirbt Kemal Atatürk in Istanbul und wird einige Jahre später in Ankara in einem für ihn gebauten Mausoleum beigesetzt. Ihm zu Ehren tragen zahllose Straßen und Wohnviertel, Flughäfen, Universitäten, Gesellschaften und viele andere Örtlichkeiten die eine oder andere Variante von Atatürks Namen (Kreiser 2008: 20).

3. Die Entstehung des Neuen in der Adoleszenz

„Ein junger Mensch, fühlt sich zu etwas berufen, das in ihm umgeht, in seiner eigenen Frische sich bewegt und das bisher Gewordene, die Welt der Erwachsenen überholt" (Bloch 1978: 132). So schreibt es Ernst Bloch in seinem Werk „Das Prinzip Hoffnung" und beschreibt den Aufbruch als ein Charakteristikum und Privileg der Jugend. Vera King postuliert in ihrem Werk „Die Entstehung des Neuen in der Adoleszenz", wie wichtig diese Phase des Lebens ist und welche Rolle dabei „Peer Groups" spielen. Die Sozialpsychologin und Soziologin beschäftigt sich in ihrer Habilitation mit Ablösungsprozessen als intersubjektiven Prozess im Generationenverhältnis (vgl. King 2010). Dabei erörtert sie Inter-Generationen-Beziehungen und offenbart das Konfliktpotential dieser Beziehungen. Sie postuliert, dass die Adoleszenz Phase insbesondere für die Entstehung von „Neuem" entscheidend ist. Denn indem die Jugend die Vergangenheit kritisch hinterfragt und zugleich sich mit dem Gegenwärtigen auseinander setzt, kann etwas neu entstehen und zur Veränderung der Gesellschaft beitragen (King 2010: 10). Doch dafür müssen die Erwachsenen den Adoleszenten einen Möglichkeitsraum zu deren Entfaltung bereitstellen. Die Erwachsenen verlassen diesen Raum nur wenn sie das Tradierte nicht gefährdet und abgeschafft sehen. Denn das würde bedeuten, dass ihre Weltansicht und Lebensweise und somit sie selbst abgeschafft werden (King 2010: 13). Es ist stets ein Kampf um Macht und Positionen, der immer wieder aufs Neue ausgehandelt werden muss. Durch Innovation, fortschrittliches Denken und Mut zur Veränderung wird Fortschritt in einer Gesellschaft ermöglicht. Diese Kriterien machen eine moderne Gesellschaft aus (King 2010: 13).

Bezogen auf den jungen Atatürk kann gesagt werden, dass er - geprägt durch westliche Schriften und Vordenker seiner Zeit - die Notwendigkeit einer Veränderung in seinem Land sieht. Er will die Rückständigkeit beseitigen und das Land reformieren. Dieses Vorhaben gelingt ihm zunächst mit Gleichgesinnten der „jungtürkischen Revolution" und dem Fall des Sultanats (vgl. Yazıcıoğlu 2005). Die endgültige Umsetzung seiner Pläne findet mit seiner Ernennung zum Präsidenten und Premierminister statt. Da er seinerzeit Verbündete und Freunde innerhalb des Militärs und Geheimorganisationen hat, kann er mit Hilfe von sogenannten „Peer-Groups" seine Ideen und Vorstellungen visualisieren aber auch in die Tat umsetzen. Diese Performanz verschafft ihm Respekt und Ansehen unter seinen Anhängern. Performative Akte können tradierte Zustände transformieren und weisen somit eine Affinität zu charismatischen Situationen auf. Auf diese Weise stellt Atatürk eine „Bedrohung" des traditionalen Sinnkosmos dar, denn er ist in der Lage von innen heraus Massen zu bewegen und zu beeinflussen (vgl. Yazıcıoğlu 2005).

3.1 Die Rolle von Peer Groups

Um zu verstehen was darunter gemeint ist beschreibt Vera King Jugendszenen, Jugendgruppen, Gleichaltrigenbeziehungen oder kurz gesagt „Peer Groups", als einen jugendkulturellen Raum (King 2013: 229). „In ihnen können Adoleszente virtuell in „relativer Freiheit' von Verantwortung, mit einem geringeren Maß an Kontrolle durch die Erwachsenengenerationen sich selbst entwerfen, inszenieren, ihre soziale Welt konturieren und im Kontext der Peer-Beziehungen aushandeln" (King 2013: 229). Sie repräsentieren sich in einer nicht institutionellen Form und bleiben weitgehend unter sich. Die Bedeutung der Adoleszenz liegt darin, Experimentierfeld und Schonraum zeitgleich zu sein. Ein Raum indem die Identitätssuche und Selbstdarstellung, aber auch Prozesse der Ablösung und Neufindung, stattfinden (King 2013: 229). Jugendkulturen bieten aufgrund ihrer „symmetrischen Verfasstheit, soziale Anerkennung, Sicherheit und Solidarität" insbesondere Freundschaften (Hurrelmann 1999: 150f). Da Divergenzen und Differenzen in Freundschaftsbeziehungen intensive Aushandlungen fordern und Reflexionen fördern.

„Auf diese Weise werden die Beziehungen sondiert und gegebenenfalls vertieft, Vorstellungen von Fairness, Moral, Gerechtigkeit und universalen Prinzipien erkundet und angeeignet und schließlich neue symbolische Bedeutungen und kulturelle Praktiken generiert. Insbesondere Freundschaftsbeziehungen tragen aufgrund ihrer Intensität daher entscheidend zur Differenzierung der Selbst - und Fremdbetrachtung, zur Reflexivität und in diesem Sinne zur Identitätsbildung bei" (King 2013: 230).

Die Verbundenheit der Atatürk Anhänger resultiert aufgrund der gemeinsam durchlebten historisch-gesellschaftlichen Phase und prägenden Kriegserfahrungen und dem politischen Systemwechsel. Diese Generationseinheiten haben eine Erfahrungsverarbeitung gemeinsam, die wiederrum prägend und solidarisierend wirken

(King 2010: 11). Folglich konnte Atatürk nur mit Hilfe des Militärs und seinen Anhängern einen Wechsel im Land erwirken.

3.2 Die Dimensionen adoleszenter Ablösung

Mannheim beschreibt die Generationsabfolge in fünf verschiedenen Teilschritten: „1. das stete Einsetzen neuer Kulturträger; 2. durch den Abgang der früheren Kulturträger; 3. durch die Tatsache, dass die Träger eines jeweiligen Generationszusammenhanges nur an einem zeitlich begrenzten Abschnitt des Geschichtsprozesses partizipieren; 4. durch die Notwendigkeit des steten Tradierens (Übertragens) der akkumulierten Kulturgüter; 5. durch die Kontinuierlichkeit des Generationswechsels" (Mannheim 1928: 175).

Wobei die Teilhabe einer jeden Generation am Geschichtsverlauf zeitlich reguliert ist. Der Generationsabfolge geht ein Ablösungsprozess der Adoleszenten voraus. Laut King besteht ein Ablösungsprozess aus Trennung, Umgestaltung und Neuschöpfung und beschreibt einen intersubjektiven Prozess. Kognitive und emotionale Fähigkeiten werden ausgebildet, die Welt des Kindlichen wird verlassen, Bestehendes infrage gestellt und Ängste sowie mögliche Schuldgefühle müssen ausgehalten werden (vgl. King 2010: 14). Vorhandene Ressourcen des Vergangenen und des Gegenwärtigen werden zu einem neuen, flexiblen Lebensentwurf verknüpft (King 2010: 14). Bei der Erschaffung ihrer eigenen Welt müssen Adoleszente vorerst auf die Anerkennung und Zustimmung der generational bedeutsamen Anderen verzichten (King 2010: 14). In dieser Zeit spielen die Beziehungen zu den gleichaltrigen Peers eine wichtige Rolle, da sie auch Sicherheit und Halt bedeuten. Mit dem Ausbilden eines Selbstbewusstseins und dem Ablösen von den Eltern entsteht Individuation und Generativität und somit die erlangte Wirkmächtigkeit, Produktivität und Fähigkeit zur Sorge für Andere (King 2010: 16).

Doch wie bereits erwähnt, erfolgt eine Ablösung des Tradierten nicht immer mit Zuspruch eines jeden Bürgers. Mit der Trennung von Religion und Staat – dem Laizismus – hat Atatürk einen großen Bruch innerhalb der Gesellschaft begangen. Bis zu seiner Ernennung zum Präsidenten und der Gründung des Landes Türkei, ist das Land von muslimischen Kalifen geführt worden und jede Angelegenheit war eine

Glaubenssache (Yazıcıoğlu 2005: 62). Der Kalif, oberstes Haupt der Moslems, hatte die besondere Stellung ein weltlicher Vertreter des Islams und höchster Richter zu sein. „Man definierte sich über die Religion und nicht die Nation, man verstand sich also nicht als Türke oder Syrer, sondern als Moslem" (Yazıcıoğlu 2005: 62). Mit der Trennung zwischen Staat und Religion, der Gründung des Landes Türkei und der Abschaffung des Sultanats, hat Atatürk etwas „Neues" geschaffen. Um die Frage zu beantworten: „Wie hat er das geschafft?" wird im Weiteren die Charisma Theorie herangezogen.

4. Die Charisma Theorie nach Max Weber

Max Weber, geboren im Jahr 1864 und geprägt durch eine Phase großer politischer und gesellschaftlicher Umbrüche, führt als erster den Begriff des Charismas in die Soziologie ein. Er arbeitet diesen Begriff unter anderem in seine Herrschaftssoziologie seines Werkes "Wirtschaft und Gesellschaft" ein. Zur Zeit des Deutschen Reichs entwickelte Weber auch sein Modell der charismatischen Führerpersönlichkeit. Die Frage nach einer angemessenen Staatsform für Deutschland nach dem Ersten Weltkrieg, führt ihn vermehrt zur Auseinandersetzung mit soziologischen und demokratietheoretischen Beiträgen und der Ausübung von Macht (Bayer, Mordt 2008).

Der Begriff Charisma findet sich innerhalb der Religionssoziologie als auch in der Herrschaftssoziologie Webers wieder (Bayer, Mordt 2008:17). So zählt er den Propheten und charismatischen Zauberer als Charismaträger, welche sich „persönlich" berufen fühlen (Weber 1980: 268). Mit der charismatischen Herrschaft versucht Weber ein Phänomen zu beschreiben, womit sich bereits viele Menschen zuvor beschäftigt haben. Wie es einem Menschen gelingt, mithilfe einer Idee und seiner Persönlichkeit andere Menschen in den Bann zu ziehen, gleichzeitig eine Anhängerschaft zu mobilisieren und mit deren Hilfe eine alte Gesellschaftsform zu stürzen und neue Formen hervorzubringen. Dabei stellt er dieser Herrschaftsform zwei weitere Typen von Herrschaft in Opposition - die alltäglich anzutreffende rationale und traditionale Herrschaftsform. Wobei der Begriff Herrschaft sich auf Autorität und dem Verhältnis von Gehorsam und Befehl stützt (Hanke/ Mommsen 2001: 23).

Im Allgemeinen führt Max Weber die Herrschaft auf die Legitimität und dem Glauben an die Legitimität zurück. Um dauerhaft und kontinuierlich bestehen zu können, muss bei den Beherrschten den Glauben an die Vorbildlichkeit oder Verbindlichkeit der etablierten Ordnung erwecken. So unterscheidet Weber die drei reinen Typen legitimer Herrschaft "nach einem subjektiven Kriterium, nämlich nach den Motiven für den 'Glauben' daran, dass die jeweilige politische Ordnung zu Recht besteht": Der rationale Typ gründet sich "auf dem Glauben an die Legalität gesatzter Ordnungen", der traditionale Typ "auf dem Alltagsglauben an die Heiligkeit von jeher geltender Tradition und die Legitimität der durch sie zur Autorität Berufenen' und der charismatische Typ „auf der außeralltäglichen Hingabe an die Heiligkeit oder Heldenkraft oder die Vorbildlichkeit einer Person und der durch sie offenbarten oder geschaffenen Ordnungen, […] im Umkreis der Geltung des Glaubens an dieses sein Charisma gehorcht" (Weber 1980: 124). Max Weber fasst den altchristlichen Terminus des Charismas in seinem Werk - Wirtschaft und Gesellschaft - neu und definiert Charisma als eine

> „als außeralltäglich (ursprünglich sowohl bei Propheten wie bei therapeutischen, wie bei Rechts-Weisen, wie bei Jagdführern, wie bei Kriegshelden: als magisch bedingt) geltende Qualität einer Persönlichkeit […], um derentwillen sie mit übernatürlicher oder übermenschlicher oder mindestens spezifisch außeralltäglichen, nicht jedem anderen zugänglichen Kräften oder Eigenschaften (begabt) oder als gottgesandt oder als vorbildlich und deshalb als Führer gewertet wird" (Weber 1980: 140).

4.1 Die Wirkung von Charisma und Masse

Zudem weist Weber darauf hin, dass nicht die Eigenschaften des Charismaträgers, sondern die soziale Beziehung zwischen Führern und Geführten entscheidend ist. Der unbedingte Gehorsam bedingt zudem die Gewaltstruktur charismatischer Herrschaft, die eines rechtlichen Fundamentes nicht bedarf. Eine emotionale Vergemeinschaftung zwischen Herrscher und Beherrschten wird versucht hergestellt zu werden (Weber 1980: 689). Die Führungsposition eines Charismaträgers, die ihm Autorität und Befehlsgewalt verleiht, bleibt nur so lange bestehen, wie der Charismagläubige bereit ist, Gehorsam und Folge zu leisten. Solange sich der

Charismatiker bewährt, bleibt auch der Glaube an ihn bestehen. Somit gründet sich die Autorität des Führenden auf einzigartige Persönlichkeitsmerkmale, welche zu einer hohen Identifikation der Charismagläubigen mit den Zielen und Visionen des Charismaträgers und die Geführten zu außerordentlichen Leistungen oder Handlungen motivieren (Hauser 1999: 1005). Diese Anerkennung ist eine aus Begeisterung oder Not und Hoffnung geborene, ganz persönliche Hingabe (Weber 1980: 689/185).

Bedroht wird dieses Führercharisma nach Weber durch Veralltäglichung, Entzauberung, Bürokratisierung und fehlenden Erfolgs. Somit bleibt der Glaube an den Charismatiker an die Wahrnehmung seiner Bewährung gebunden (Bayer, Mordt 2008:17). Weber schreibt dazu: „Er muss Wunder tun, wenn er ein Prophet, Heldentaten wenn er ein Kriegsführer sein will. Vor allem aber muss sich seine göttliche Sendung darin »bewähren«, dass es denen, die sich ihm gläubig hingeben, wohlergeht" (Weber 1980: 656). Des Weiteren beschreibt Max Weber Charisma als eine revolutionäre Kraft, die den Bruch mit der Tradition ermöglicht, während er das „Heilige" als das „spezifisch Unveränderliche" charakterisiert hat (Weber 1980).

4. 2 Entwicklung einer genuinen charismatischen Herrschaft

Schlussendlich ist der genuin charismatische Herrscher ist gegenüber den Beherrschten verantwortlich. Nur ihre Perzeption definiert die Bewährung und ist eine reine Sache kumulierter subjektiver Glaubensüberzeugungen (Weber 1980: 656). Es entwickelt sich eine primär emotional und weniger funktional geprägte Führer-Geführten-Beziehung. Weber beschreibt das Prinzip einer vordergründig "emotionalen Vergemeinschaftung" mit der Hingabe und Bindung der Gemeinde an den Charismaträger (Weber 1980: 141). Die genuine charismatische Herrschaftsform zeichnet sich zudem dadurch aus, dass sie als vollkommen „wirtschaftsfremd" von Weber angesehen wird (Weber 1980: 142). Sie ist für ihn „die Macht der Unwirtschaftlichkeit", die einen "planvollen rationalen Geldgewinn, Oberhaupt alles rationale Wirtschaften' ablehnt und nicht an ein Streben nach individuellem Sonderbesitz geknüpft ist (Weber 1980: 655f). Im Gegensatz zu den rationalen und traditionalen Herrschaftsformen, gibt es in der charismatischen Herrschaft keine bürokratische Amtsorganisation, keine Beamten, keine Fachkräfte, keine Hierarchie, keine Laufbahn, keine Behörden und kein festes Gehalt. Der Herrscher rekrutiert sich seine Gefolgschaft selbst – anhand charismatischer Qualitäten und durch Ernennung und Auslese. Wie im Fall Atatürks, erwählt er das Militär und das Bildungsbürgertum zu seiner Gefolgschaft. Die Verehrung des Militärs gegenüber Atatürks geht weit über seinen Tod hinaus. Ebenso das Verhältnis zu gesatzten Ordnung und Rechtsauffassung wird negiert, alte Ordnungen gesprengt und eine neue Ordnung wird geschaffen (Weber 1980: 659).

"Das Charisma [...] ruht in seiner Macht auf Offenbarungs- und Heroenglauben, auf der emotionalen Ueberzeugung von der Wichtigkeit und dem Wert einer Manifestation [...], auf Heldentum [...]. Dieser Glaube revolutioniert „von innen heraus" die Menschen und sucht Dinge und Ordnungen nach seinem revolutionären Wollen zu gestalten" (Weber 1980: 657). Daraus folgt, dass der charismatische Herrschaftstyp in Konflikt mit bestehenden ökonomischen, sozialen, politischen und kulturellen Ordnungen steht.

Da charismatisches Handeln stets erfolgsorientiert und ergebnisabhängig ist, impliziert dieses Konfliktpotenzial auch einen Moment der Labilität (Weber 1980: 656).

4.3 Strukturwandel durch Veralltäglichung des Charismas

Um aus der labilen Situation eine stabile und stetige Situation zu schaffen, bleibt der genuinen Form des Charismas folgende Entwicklungsoption offen. Das Charisma wird in der genuinen Form zerstört und somit strukturell gewandelt, in alltägliche, entweder traditionale oder rationale, Dauergebilde verändert. Dabei bleiben Reste der charismatischen Sendung in veralltäglichter, veränderter, entpersönlichter und erfolgreich institutionalisierter Form erhalten (Weber 1980). Die Alterationen selbst geht dem Wunsch des Charismatikers und seinen Jüngern nach, „aus einer einmaligen, äußerlich vergänglichen freien Gnadengabe außerordentlicher Zeiten und Personen in ein Dauerbesitztum des Alltags zu verwandeln" (Weber 1980: 661). Somit wird aus der Gefolgschaft Atatürks ein Staat mit laizistischer Grundordnung. Den damit einhergehenden Strukturwandel fasst Weber unter dem Begriff „Veralltäglichung". Gelangt die charismatisch geleitete Gruppe „in die Bahnen des Alltags zurück, so wird die reine Herrschaft des Charismas, ins "Institutionelle" transportiert und umgeboen" (Weber 1980: 661). Es erfolgt eine Anpassung an Alltagsbedingungen hinsichtlich, der Ökonomie, Recht, Verwaltung, Ordnung, Schulen und dem Verlagswesen (Weber 1980: 661).

Damit ein gesellschaftlicher Wandel funktioniert, bedarf es einem Erwerbsdenken und einer funktionierenden Wirtschaft. Infolgedessen hat sich das Wirtschaftsfremde ins Wirtschaftliche transformiert. Das institutionell entstandene Dauergebilde, beginnt sich auf Traditionen, Regeln, Normen und Satzungen, zu gründen. Mit der Veralltäglichung der charismatischen Herrschaft entsteht auch die Frage nach einem Nachfolger und wird somit zum Problem, wenn diese Herrschaft zu einer perennierenden Institution umgestaltet werden soll (Weber 1980: 663). Durch die Beschränkung des Namens Atatürks auf dessen Träger, wird der Name an seine Kinder nicht weiter gegeben und Erbcharisma bleibt aus. Nach dem Tode Atatürks im Jahre 1938 wird sein Weggefährte İsmet İnönü der nächste Staatspräsident (Yazıcıoğlu 2005: 176). Ergänzend muss gesagt werden, auch wenn es den Anschein einer aufeinanderfolgenden Entwicklungslinie der drei Typen der legitimen Herrschaft hat, warnt Weber vor dieser irrtümlichen Interpretation. Zudem betont er in seinem Werk, dass die reinen Idealtypen in der Wirklichkeit selten vorkommen und somit oft Vermischungen der Formen darstellen. "Ob der Reinheit des Typus die Realität je gänzlich entsprach, interessiert hier nicht, es genügt, daß das Prinzip in mehr oder minder entwickelter oder rudimentärer Form [...] wiederkehrt" (Weber 1980: 672). Das Charisma stellt mit seiner gestaltenden, revolutionären Kraft eine Gegentendenz zum allgemeinen Bürokratisierungs- und Rationalisierungsprozess der Regelherrschaft dar. Denn im Charisma steckt ein Gesellschaft erneuerndes Potential und eine schöpferische Kraft die Bestehendes verändert.

Zusammenfassung

Die in dieser Arbeit aufgestellte These, dass ein Umbruch und eine Reformation wie sie Kemal Atatürk in der Türkei vollbracht hat - nur möglich ist mit Charisma und einer Masse die diesem „charismatischen Führer" folgt - ist anhand der Charisma Theorie von Max Weber und der Adoleszenz Theorie von Vera King begründet worden. Um einen gesellschaftlichen Umbruch oder eine gesellschaftliche Veränderung zu erzielen, sind nach vorangegangener Erkenntnis, Phasen von Unsicherheit, Hoffnung und Not entscheidend. Um einen Bruch mit der Tradition zu ermöglichen braucht es eine Person mit Charisma und einer revolutionären Kraft. Diese Charismatische Führerperson ist in der Lage eine Gemeinschaft emotional an sich und die Idee zu binden. Zudem erfolgte mit Hilfe von Vera Kings Theorien, der Versuch den Bruch mit den Tradierten und dem Prozess der Generationenabfolge zu beschreiben und Bezug zu Atatürk herzustellen. Des Weiteren wurde mit Hilfe der Charisma Theorie und der Adoleszenztheorie der Versuch unternommen in dieser Hausarbeit darzustellen, wie eine Person ein ganzes Land verändern und etwas „Neues" hervorbringen kann. Anhand des biografischen Verlaufs Atatürks konnte die Wichtigkeit der Adoleszenzphase verdeutlicht werden. Indem er sich mit philosophischen Denkern, wie Rousseau und Comte, beschäftigte und die Französische Revolution als Leitidee für sein Vorhaben verinnerlichte. Anhand der Adoleszenztheorie und der besonderen Stellung von „Peers", wird zudem die Bedeutung von Freundschaft und Gefolgschaft bei der Umsetzung seiner Ziele aufgezeigt. Durch seine militärischen Errungenschaften und kriegerischen Siege, hatte er seine Fähigkeiten in der Bevölkerung unter Beweis gestellt und als kompetenter Führer erwiesen. Denn Mustafa stellte die einzige militärische und politische Alternative zur ausländischen Bedrohung dar (Yazıcıoğlu 2005: 67).

Ausblick

Gerade aus aktuellem Anlass ist der Bezug zu Atatürks Staatsgründung hoch interessant. Denn ein neuer charismatischer Führer versucht die türkische Gesellschaft zu reformieren – sein Name lautet Recep Tayyip Erdogan. Mit dem Rückbau des säkularen Staates verfolgt Erdogan eine andere Agenda als Atatürk. Unter islamischen Vorzeichen will Erdogan die Türkei zu einer Führungsmacht eines neuen Osmanischen Reiches machen. Der damalige Vorstoß Atatürks zur Moderne scheint unter Führung von Erdogan verloren zu gehen hinzu einer traditionsbewussten Alleinherrschaft. Dadurch, dass Atatürk seine Reformen Schlag auf Schlag durchgesetzt hat und den Staatsumbau in einem hohen Tempo umsetzte, konnten nicht alle Türken dem raschen Wandel folgen und die Auswirkungen sind bis heute sichtbar. Denn für die tief religiös verwurzelte Bevölkerung hatte eine derartige Reformation traumatische Folgen und nicht jeder war bereit dieser zur folgen. Eine gespaltene und verunsicherte türkische Gesellschaft blieb zurück.

Diese Verunsicherung und Spaltung macht sich Erdogan zu nutze. Insbesondere wird das Werk Atatürks in Frage gestellt, durch den religiös verhafteten Teil der türkischen

Bevölkerung und den ebenso kompromisslosen Führer Recep Tayyip Erdogan. Auch Erdogan will das Land erneuern, jedoch zur entgegen gesetzten Richtung als es Atatürk tat. Hinsichtlich des Islams wollte Atatürk den Islam so umgestalten, dass dieser die moderne voll und ganz in sich aufnehmen konnte (Hanioglu 2015: 232). Mustafa Kemal war sich aber auch sicher, dass ein reformierter Islam keine wichtige Rolle mehr in der Gesellschaft spielen soll. Die Radikalität mit der Atatürk sein Programm und seine politischen Überzeugungen durchgebracht hat finden sich auch in Erdogans autoritärem Verhalten und Charakter wieder.

Abweichende Meinungen und Kritik werden nicht geduldet und rigoros abgewehrt. Ähnlichkeiten beider Führer finden sich in der angestrebten Einparteienherrschaft, damit das Programm kompromisslos durchgesetzt werden kann (Hanioglu 2015: 233). Jedoch zeigt der kürzlich erfolgte Putschversuch gegen Erdogan die stets vorhandene militärische Verbundenheit zu Atatürk und das bis heute seine Werte weiter gelebt und bewahrt werden. "Das Militär betrachtet sich bis heute als Hüter des kemalistischen Erbes und versucht die Einheit des türkischen Nationalstaates sowie das säkulare Prinzip des Republikgründers zu verteidigen" (Dietrich 2013: 3). Zusammenfassend lässt sich sagen, dass Atatürks Reformation Bewunderung und Verachtung zugleich in der türkischen Bevölkerung ausgelöst hat. Er gilt heute als eine umstrittene Persönlichkeit, mit seinem Übermaß an Rauchen und Trinken und der radikalen Umsetzung seiner Vorstellungen eines modernen Staates wird sein großer Erfolg teilweise entmystifiziert und ein Stück seiner charismatischen Schaffenskraft geht verloren.

Literatur

Bayer, M., Mordt, G. (2008): Einführung in das Werk Max Webers. VS Verlag für Sozialwissenschaften | GWV Fachverlage GmbH, Wiesbaden.

Bienfait, Agathe (Hrsg.) (2011): Religionen verstehen. Zur Aktualität von Max Webers Religionssoziologie. VS Verlag, Wiesbaden.

Bloch, E. (1978): Das Prinzip Hoffnung, Bd.1. Frankfurt a.M.

Hanke, E., Mommsen, W. (2001): Max Webers Herrschaftssoziologie. Studien zur Entstehung und Wirkung. Tübingen: Mohr Siebeck

Hauser M. (1999): Theorien charismatischer Führung, Zeitschrift für Betriebswirtschaft, Jg. 69 Heft Nr. 9.

Halil Gülbeyaz (2003): Mustafa Kemal Atatürk: Vom Staatsgründer zum Mythos. Parthas Verlag, Berlin.

Hanioglu, S., Gabel, T. (2015): Atatürk: Visionär einer modernen Türkei. Biographie. WBG: Darmstadt.

Hurrelmann, K. (1999): Lebensphase Jugend. Eine Einführung in die sozialwissenschaftliche Jugendforschung. Weinheim

King, V. (2013): Die Entstehung des Neuen in der Adoleszenz. Individuation, Generativität und Geschlecht in modernisierten Gesellschaften. 2. Auflage. Springer VS.

King, V. (2010): Adoleszenz und Ablösung im Generationenverhältnis. Theoretische Perspektiven und zeitdiagnostische Anmerkungen. Diskurs Kindheits- und Jugendforschung Heft 1-2010, S. 9-20

Kreiser, K. (2008): Atatürk Eine Biographie. Atatürk Eine Biographie

Steinbach, K. (1969): Soziologie der türkischen Revolution. Zum Problem der Entfaltung der bürgerlichen Gesellschaft in sozioökonomisch schwach entwickelten Ländern. Europäische Verlagsanstalt: Frankfurt a.M.

Steinbach, U., Rüdiger, R. (1988): Der Nahe und Mittlere Osten Politik. Gesellschaft, Wirtschaft, Geschichte, Kultur. Opladen: Leske u. Budrich.

Steinbach, U. (2010): Geschichte der Türkei. C.H.Beck Verlag.

Weber, M. (1980): Wirtschaft und Gesellschaft: Grundriss der verstehenden Soziologie. 5. Auflage. Mohr Siebeck.

Weidenfeld, Werner (Hrsg.) (2004): Die Staatenwelt Europas. Bundeszentrale für politische Bildung, Bonn, S. 383.

Yazıcıoğlu, Ü (2005): Erwartungen und Probleme hinsichtlich der Integrationsfrage der Türkei in die Europäische Union. TENEA Verlag Ltd., Bristol, Niederlassung Deutschland Berlin.

Online Literatur:

Dietrich, Alexander: Atatürk- Erdogans großes Vor- und Feindbild, in: Welt vom 17.06.2013 (aufgerufen am 20.04.2017)

Weber, Barbara: Islamisten in Deutschland. Rätselhafte Radikalisierung, in: Deutschlandfunk vom 18.09.2014 (aufgerufen am 01.04.2017)

BEI GRIN MACHT SICH IHR WISSEN BEZAHLT

- Wir veröffentlichen Ihre Hausarbeit,
  Bachelor- und Masterarbeit

- Ihr eigenes eBook und Buch -
  weltweit in allen wichtigen Shops

- Verdienen Sie an jedem Verkauf

**Jetzt bei www.GRIN.com hochladen
und kostenlos publizieren**